글나무 시선 27

광장으로 띠우는 목소리

광장으로 띄우는 목소리

허종열 시집

| 自序

다시 한 번 다산 정약용의 시론을 상기한다. 다산은 나라 걱정 안하는 것은 시가 아니라고 했다(不憂國非詩也). 시대를 아파하고 세속에 분개하지 않는 것도 시가 아니라고 했다(不傷時憤俗非詩也). 시에는 시대의 절실한 문제에 대한 관심과 걱정, 선을 권장하고 악을 징계하는 메시지가 들어 있어야 한다는 것이다. 이것이 다산의 리얼리즘 정신, 다산의 시작 정신이었다.

이 같은 정신에 따라 시를 쓰다 보니 시국에 대한 관심이 예민하지 않을 수 없었다. 검찰이 정권을 잡자 정치는 협치가 아닌 대치로 일관하고, 극우 세력이 선동하는 폭력과 혐오가 넘치는 시대가 되었다. 급기야 민주공화체제를 계엄령을 통해 독재체제로 바꾸려는 내란을 시도하기에 이르렀다.

이른바 12·3내란 사태는 불의에 맞서 저항한 시민의 힘으로 극적으로 저지되었지만, 아직도 내란 세력은 극우세력과 더불어, 언어도단의 명분을 내세우며 시시때때로 곳곳에서 발호하고 있다.

  이런 상황에서 올바른 광장의 소리에 호응하여 광장의 힘에 보탬이 될 일을 생각하지 않을 수 없었다. 지나온 이런저런 일을 생각할 때 눈물마저 말라버린 나이, 벌써 87세가 되었으니 어쩌면 마지막이 될지도 모를 시집으로나마 응원하고자 한다.

2025년 11월
허종열

차례

04 • 자서

1. 불우국 비시야 不憂國非詩也

13 • 걱정이 태산
14 • 엿장수의 가위질
15 • 국정 농단의 기억
16 • 누리를 위협하는 맹견
17 • 명진 스님의 죽비
18 • 공정과 상식
20 • 폭력 신드롬
21 • 사제단의 명분
22 • 레밍 신드롬
23 • 곤조와 근성
24 • 총독부의 부활
25 • 친일의 뿌리
26 • 딱한 현실
27 • 윤 정부 1년
28 • 수박
30 • 카르텔

허종열 시집 광장으로 띄우는 목소리

31 • 별명이 '59분'

32 • 대통령의 거짓말

34 • 쿠데타 DNA

36 • 일본의 마음이라니

37 • 검찰의 민낯

38 • 다시 광장으로

차례

2. 불상시분속 비시야 不傷時憤俗非詩也

41 • 어쩌다 여사

42 • 이태원 참사 반응

43 • 야만 문화

44 • 차별 사회의 비극

46 • 참혹한 세평

47 • 물고기 한 마리가 물을 흐려

48 • 목사들 왜 이러는가

50 • 걸음걸이

51 • 푸들

52 • 두 개의 혀

53 • 탈원전이 바보짓이면

54 • 남자의 삼종지도

허종열 시집 / 광장으로 띄우는 목소리

3. 인간의 길

57 • 갇혀 있지 않은 시
58 • 친구가 없어지네
59 • 걸음걸이 사주
60 • 다리가 먼저 늙는다
61 • 애주
62 • 장수 비결
64 • 허망한 몰락
65 • 고맙습니다
66 • 허물은 벗어 놓고
67 • 될성부른 나무
68 • 돌계단과 돌부처
69 • 축구
70 • 우愚 묵默 눌訥
72 • 율리우스 시저의 죽음
73 • 착한 나무 산수유
74 • 사색에 사색 되다

차례

4. 평화의 기도

77 • 노스트라다무스의 예견
78 • 참 평화
80 • 이스라엘아 들어라
82 • K-시위문화
83 • 대한민국 희망 리포트
84 • 냉담 일보 전에
85 • 새우에서 고래로
86 • 세 세대의 살길
87 • 사람 사는 세상
88 • 링컨·더글라스 대결
90 • 평화를 위한 기도
91 • 민중의 소망
92 • 아, 탄핵 선고
94 • 오, 복된 죄여!

1
불우국 비시야
不憂國非詩也

걱정이 태산

군홧발로 민주 짓밟은 30년 군사정권
그 끝내주던 폭력
삼엄했던 폭압정치
무속의 올려치기로 되살릴까 두렵다

우리의 걱정 96퍼센트가 기우杞憂라니
천지개벽 말고 또 무슨 걱정이런가

이 또한 지나가리라
솔로몬에 기댄다

엿장수의 가위질

누구는 수사 전에 기소하더니
누구는 소환도 없이 무혐의

색검 떡검 흉검兇劍으로
악명 높은
못할 일 없는 권력

공정과 법을 맘대로
엿장수의 가위질

국정 농단의 기억

샤머니즘은 가짜 사기 기만이라는 뜻

무속으로 러시아 제국을 망친 라스푸틴
황제를 홀려 국정을 농락하던 방탕자
암살로 생을 마감한 '광기의 수도법사'

무속의 불화살들이 사이렌을 울리네

누리를 위협하는 맹견猛犬

검통령 검찰공화국에 구맹주산狗猛酒酸* 되는가

산책길 목줄 맨 개를 보고
섬뜩 멈칫한다

환경엔 반려伴侶식물이
동물보다 좋은데…

* 개가 사나우면 술이 시어진다. 술도가의 개가 너무 사나워 술심부름 오던 아이들을 모두 쫓아버려 술이 팔리지 않아 도가가 망했다는 고사故事.

명진 스님의 죽비

대한불교 조계종이 아니라
자승불교 졸개종이다
일갈하는 명진 스님

이명박 정부의 행태를 보고
몰염치 파렴치 후안무치
3치恥 정권이라 난타하더니

검사들이 요직에 앉아
압수수색 영장 남발하니
양아치를 보태
개망나니 4치 정권이라며

하루빨리 내려오라
따가운 죽비 내려치네

공정과 상식

일제의 강제징용 피해 배상금을
일본의 전범 기업 대신
한국 기업이 내도록 한다
이게 공정과 상식인가

본인·부인·장모가 각종 의혹에 얽힌
위장과 위조의 카르텔
'본부장' 비리는 건드리지 않는다
이게 공정과 상식인가

미국의 한국 대통령실 도청이 드러나자
해명 요청을 하기는커녕
'국가 간에 할 수 있는 행위'라 변호한다
이게 공정과 상식인가

미국 국빈 방문이 예정되어 있던
브라질의 호세프 대통령은

미국의 도청이 알려지자 방문을 취소했다
이게 공정과 상식 아닌가

폭력 신드롬

건설노조에 어퍼컷을 날리며
'건폭'이라 부르자 노동자들은
압수수색 구속영장 남발하는
검찰을 '검폭'이라 응수하네

기껏 '조폭'이니 '학폭'이니 하더니
법을 폭정의 수단으로 삼는 '법폭'
법 집행을 제멋대로 하는 경찰의 '경폭'
사실을 왜곡하는 언론의 '언폭'까지

6·25 한국전쟁 치르면서 자행된
엄청난 국가 폭력에 이어
다카키 마사오朴正熙가 폭압에 이용했던
그 '남산'이 부활하는가

사제단의 명분

4대 교부 중 가장 위대한 교부
교회학자요 영성가, 지성의 모델
성 아우구스티누스

그분의 축일*에 되새겨 보는 가르침

정의 없는 국가는 강도떼가 다스리는 나라
하느님 나라 정의가 국가에 알려져야 한다
정의를 가르칠 책임이 교회에 있다

성인이 말하는 정의로운 나라에는
종합부동산세 완화, 부자 감세
이런 반서민 정책이 있을 수 없다

성인의 가르침을 따르는 사제단이
정치한다는 비방을 감수하는 이유 중 하나

*2022년 8월 28일

레밍 신드롬

전두환이 쿠데타로 권력을 잡던 시절

한국 국민성은 들쥐와 같아
누가 지도자가 되든 졸졸 따른다고
주한 미군 사령관이 빈정거렸는데

여의도 용산에 아첨 콩쿠르가 열렸나
용비어천가로 경쟁하는 정가의 행태가
존 위컴의 말을 떠올리게 하네

독재의 그늘에서 번식하는 독버섯
들쥐 증후군
영원히 못 고칠 고질인가

곤조와 근성

식민지 지배를 되새김하는 일본의 곤조
지배자에 굽신거린 식민지의 노예근성
뿌리가 너무 깊어서 어쩔 수가 없는가

미국은 인도 태평양 전략에 가담해줘 고맙고
일본은 대대로 친일한 가문의 본색이 반가워
바이든 기시다가 친밀하게 등 두드려 주네

미얀마에서 대영제국의 경찰로 복무했던
『동물농장』의 저자 조지 오웰은
제국과 식민 관계는 '평등 없는 친밀성*'이라 했다

그 친밀성 위에 제국주의가 구축되기에
친밀은 양자 관계의 본질을 은폐할 뿐이라네

* Intimacy without equality

총독부의 부활

독립전쟁 영웅 5인 흉상을 철거하고

친일 군인 동상을 세우려는 판국이니

정부가 일본 정부의 총독부가 되는가

친일의 뿌리

늑약에 서명한 5적은 모두 판사 출신이고
파문당한 임시정부 출신 대통령 이승만은
반민족특위 해체로 친일 청산을 막아 버렸다

혈서로 충성을 맹세한 일본군 장교 다카키 마사오高木正雄*는
일본인 행세하기 위해 오카모도 미노루岡本實로 개명까지 했다
스키야마 아키히로月山明博**는 아예 일본서 태어나 자랐다

할아버지 아비가 모두 일본 유학한 친일가문 출신
위장과 사기 카르텔에 능수능란한 윤석열은
일본은 보편적 가치를 공유하는 파트너라며
일본이 원하는 대로 퍼주기 외교에 거침이 없었다

* 박정희 대통령
** 이명박 대통령

딱한 현실

도리도리 고갯짓 나사 빠져 흔들거리나
우발 충돌 담보하던 안전핀도 뽑은 무지
너 죽고 나만 살자면 우리 강산 어쩌나

나쁜 평화가 전쟁보다 나은 걸 왜 몰라
무슨 힘 그리 많다고 평화를 욕보이나
알빠노* 팔짱을 끼고 침묵할 수 없는 현실

* '알 바(알아야 할 것) +NO'의 합성어. '내 알 바 아니다'의 뜻

윤 정부 1년

유엔이 선진국으로 공인한 대한민국

자부심 치솟아 '국뽕'을 걱정했는데

눈 뜨니 한바탕 꿈이런가 허탈하기만 하네

수박

파란색 민주당 당권파는 비주류를 향해
겉과 속이 다른 수박이라고 비난해왔다
빨간색 국민의 힘과 속이 같아 보여서

부자 증세 복지 확대는 진보의 기본 이념
노무현 참여정부가 종합부동산세를
문재인 정부가 금융투자소득세를
들먹인 이유

세월이 흘러 마음마저 바뀌었는가
파란색이 종부세 완화를 주장하며
부자 감세에 앞장서
상속세 완화까지 들먹이는 세상

5월 말 22대 국회가 개원하니 이제 여름
철 따라 수박 천지가 되었나
비주류 주류 가릴 것 없이 모두가 수박

좌회전 깜빡이 켜고 우회전하는 얼간이

카르텔

위장술로 특진되고 위조로 부를 쌓은
위장 위조 카르텔
해외여행 즐겼거니
문제는
정치 경제가 망가지는
퇴행길 카르텔

별명이 '59분'

독재자 dictator는 혼자 말하는 사람
한 시간 회의 중 혼자 59분 떠든다더니
삽시에 독재화가 진행 중인 나라 되었네

친일 집안 윤똑똑이의 머저리 외교에
경제 규모 10위에서 14위로 굴러떨어져
꿈 아닌 현실로 다가온 '눈 떠보니 후진국'

G8에 든다며 들뜨고 우쭐했는데
금년에는 G7에 초대도 못 받아
일본에 25년 만에 뒤진 성장률 참담하다

대통령의 거짓말

거짓 선동과 포장에 능했던 히틀러

"실수나 잘못을 절대 인정하지 마라
사람들은 큰 거짓말에 더 잘 속고"
거짓을 반복하면 믿게 된다고 했다

이런 논리와 원칙을 곧이곧대로 믿었을까
도리도리 고갯짓으로 천연덕스럽게 하는
새빨간 거짓말과 억지와 궤변을 듣고 있으면
정말 양심이 외출하고 없는 괴물인가 싶다

쿠데타와 유신독재의 다카키 마사오
또lie, '또라이'라는 별명의 아키히로
계엄령을 '계몽령'이라 우기는 윤석열

윤석열의 탄핵심판 헌재 결정문에는
피청구인의 주장은 믿기 어렵다

피청구인의 주장은 받아들일 수 없다
이런 구절이 몇 번이나 거듭됐던가

부재중 양심 찾아줄 방법은 없는가

쿠데타 DNA

우리에게도 쿠데타 유전자가 있는지
5·16에 유신, 12·12 군사반란에 12·3계엄,
이제는 사법 쿠데타, 정치 쿠데타까지…
한탕질 도덕불감증이 고질병이 되었는가

일제에 부역했던 반민족행위자들과
반란 우두머리들을 엄벌하지 못하고
오히려 돈과 권력까지 허용해 주어
윤리와 사회 정의가 무너진 탓이리라

『이방인』의 저자인 프랑스의 문호 까뮈는
오늘의 매국노를 처벌하지 않으면
내일의 범죄에 용기를 준다며
공화국 건설은 관용으로 안 된다고 했다

나치 때 프랑스 레지스탕스 운동을 지휘하다
런던에서 망명정부를 세운 드골은

나치에 협력한 자들은 나라의 종양이라며
전후에 2년 동안 약 1만 명을 처단했다

일본의 마음이라니

한·일 간의 과거사 문제를 포함하여
나라의 외교 안보를 주무르는 금수저

양을 해치는 늑대를
양을 지키는 개로 오인하고
중요한 건 '일본의 마음'이라 우겨

국민의 마음은 아랑곳하지 않고
홀랑 벗고 일본의 처분에 맡기는 꼴
이제는 친일을 넘어 숭일崇日까지 가는가

검찰의 민낯

신뢰도 국가기관 중 가장 낮은 검찰

수사권 기소권을 다 쥐고 날뛰다가

스스로 엘리뜨 아닌 이리떼가 되었나

다시 광장으로

늑대의 탐욕으로 양이 죽어야 하나

늑대의 약탈적 투자 강요를 저지하려
시민들이 다시 광장으로 모여들었다

패전국에 요구하는 '전쟁보상금'처럼
늑대가 강탈하려는 선불 3500억 불
491조 원은 양의 나라 예산의 73%

수익의 90%는 늑대가 갖는 조건 등
동맹 혈맹에 대한 날강도 짓 아닌가

광복 직후 민중들이 내다본 시사만평
"미국놈 믿지 말고 소련놈에 속지 마라.
일본놈 일어나고 중국 되놈 되살아난다.
조선은 조심조심 조심해라"

2

불상시분속 비시야
不傷時憤俗非詩也

어쩌다 여사
―루머 素材 作詩

학력도 경력도 얼굴도
모두 모두 가짜

회칠한 무덤 같은
화려한 막장 인생

지지율 세계 꼴찌가 즐겨 먹던
'일반미'

이태원 참사 반응

이태원 참사에 종교 사기꾼들의 망발

너희들의 희생이 대한민국을 빛나게 하는 큰 원동력이 될 것이라는 초등학교 2년 중퇴 천공 스승
참사는 북한의 공작이라는 자유통일당 대표 빤스 목사
윤석열 대통령 전용기가 추락하길 바란다는 글을 페이스북에 올린 성공회 신부
윤석열 대통령과 김건희 여사가 전용기에서 추락하는 합성사진을 올린 가톨릭 신부 모두들 너무 나갔다

쪽팔려 얼굴 못 드는 종교인들 많아져

야만 문화

일본 영화 〈Plan 75〉 칸영화제 수상작

영화의 소재는 늙은 부모를 지게에 지고 가서 산에 내다 버리는 우바스테야마* -

75세가 되면 죽음을 선택할 수 있고 정부가 비용도 지원하고 원하는 때에 죽을 수 있어 좋다는 광고도 하는 노인 부양 부담을 일거에 해소한다는 정책

고려에 없던 고려장 일본에는 있었네

*姥捨て山 : 할멈 버리는 산. 옛날 일본 대부분의 지역에서 행해졌던 풍습.

차별 사회의 비극

강태완에게 평화의 안식을 주소서

몽골의 타이반. 여섯 살 때 엄마와 함께 한국으로 들어왔다. 미등록 이주 노동자인 엄마가 문을 잠가 놓고 일하러 가면 초코파이를 먹고 텔레비전을 보며 지냈다.

군포에서 초·중·고를 나온 '군포 토박이'. 제 이름으로 휴대전화도 통장도 가질 수 없던 그는 언제든 강제 추방될 수 있는 불안감으로 숨죽인 삶을 살다가 법무부 정책대로 자진 출국, 2022년에 단기 체류 외국인으로 재입국하여 전문대 전자공학과를 졸업했다.

특장차 생산업체에 취업, 월급 전액을 적금하고 잔업 수당 50만 원으로 살면서 최근 200만 원으로 중고차를 구입하여 어머니의 일터로 가 집까지 모셔 온 '짧은 드라이브'로 소원을 풀기도 했는데… 입사 8개월 만에 산재로 숨지고 말았다.

병원으로 달려간 엄마는 경찰에 체포될까 봐 들어가지 못하고 주변에서 울다가 몽골 공사관 도움으로 병원에 들어가 아들의 사체를 안고 통곡했다.

측은지심도 상생도 모르는 굼뜨고 답답한 정책 당국자들이여

남아공 만델라의 우분투* 본받을 수 없는가

* 함께 사는 유대감, 관용 등 아프리카 전통 윤리사상. 넬슨 만델라 대통령이 용서와 화합으로 인종차별을 청산하고 국가 통합을 이끌어 낸 사상.

참혹한 세평

"만악의 근원인 김건희 여사는
백담사로 가시라"

국회 박지원 의원의 이 말에
불교계가 항의
"백담사가 쓰레기 하치장이냐"

소록도로 보내자는 사람도 있었다니

어쩌다 우리 처지가 이 지경이 되었나

물고기 한 마리가 물을 흐려

미꾸라지 한 마리가
온 웅덩이 물을 흐린다는데

우리 사회에는
세상을 요리조리 어지럽히고 흐리는
법꾸라지 법기술자들이 넘쳐난다

자기들의 부정은 미끌미끌 빠지고
가해자와 피해자를 바꿔 놓는
요술까지 부린다

이들을 일거에 척결할
통발은 없는가

목사들 왜 이러는가

"빤스를 내리라 하면 내려야 진짜 내 신도"
이런 망언으로 '빤스목사'라는 별명이 붙은
전광훈이 광화문 집회에서 쏟아내는 망언

"하나님 꼼짝 마 까불면 나한테 죽어
집회에 참석하면 걸린 코로나도 낫는다
예수님 족보의 여성들은 모두 매춘을 했다
저항권으로 대통령도 데리고 나올 수 있어"

궤변으로 폭력도 마구 선동하며
나는 돈을 좋아해요 굉장히 좋아해요
목사 아닌 '먹사'의 정체도 마구 드러낸다

세이브코리아 대표로 여의도에서 집회를 하는
부산 세계로교회 손현보 목사는
비틀고 뒤집는 사실 왜곡으로 증오를 부추기고
"이재명이 죽어야 대한민국이 산다"는

악담과 억지를 천연덕스레 늘어놓는다

저들의 설교 속에 구세주 예수의 가르침
그 사랑의 흔적이 조금이라도 들어 있는가

태극기와 미국 국기를 흔들고 울부짖으며
아멘 아멘 하는 저들은 또 누구인가

걸음걸이

생김새가 다르듯 걸음걸이도 모두 다르다

헌재 복도와 로비에서 경호원의 호위를 받으며
거들먹거리며 걷는 윤 씨와 자주 마주쳤다는
변호사는 그게 위압적이거나 두렵게 보이지 않고
초라하고 허황해 보였단다

용모와 말씨와 글씨와 판단력을 살펴보는
신언서판으로 인물을 평가하던 옛날과 달리
이제는 걸음걸이로 사람 됨됨을 살펴보는가

푸들

개와 함께 산책하는 이들이 많아졌다
크기와 생김새에 따라 주인에겐
애완견도 되고 반려견도 된다지만
낯선 사람에겐 갑자기 컹 하고 짖으면
공포의 대상이 된다

푸들이란 별명이 붙은 지도자도 많다
영국의 블레어 총리는 부시의 푸들
일본의 아베 총리는 트럼프의 푸들
한국의 윤석열은 바이든의 푸들…
푸들엔 아첨꾼, 부하, 앞잡이란 뜻도 있다

푸들 중 열에 아홉은 얼마 안 있어
죽임을 당하거나 버려진다
그게 그들의 운명이다

두 개의 혀
— 『디케의 눈물』 북콘서트에서

한 입으로 두말하면 아비가 둘이라는
심한 욕이 옛날부터 우리네 정서였는데

검찰총장 후보 때는 검찰 개혁에 동의한다 해놓고
대통령이 되자 검찰 개혁을 모두 뒤엎어 버렸다

총장으로서 '살아 있는 권력'에 먼지털이 수사하더니
대통령이 되자 '살아 있는 권력' 수사에 '입틀막'

'이념이 제일 중요하다' 철 지난 반공타령을 하더니
'이념논쟁을 멈춰야 한다' 안면몰수 말을 바꾸네

우리는 적게 말하고 많이 듣기 위해
두 개의 귀 한 개의 혀를 가졌다는데
'59분'*은 두 개의 혀를 가진 사람인 것 같다

* 윤석열의 별명

탈원전이 바보짓이면

에너지 전환은 세계적인 흐름이라
자연을 이용하는 운동에 동참하려면
여론을 오도하는 연출로야,
하물며 주술이 가당키나 한 일인가

태양광 풍력 등 이른바 재생에너지의
발전 단가가 원전보다 훨씬 더 싸졌다
연구와 개발에 전념한
자연 과학의 승리

미국과 프랑스는 원전 발전 용량이 줄고
일본은 10년 전 용량의 절반 아래라니
그래 동서양 선진국들이 바보라고 믿는가

남자의 삼종지도三從之道

남의 편만 든다고 남편이라 비틀더니

어려선 엄마에게 순종하고
젊어선 아내에게 순종하며
늙어선 며느리에게 순종하라는
남자의 삼종지도까지 유포되고 있으니

항간에 떠도는 말이 솔깃이 들리는 세태

3

인간의 길

갇혀 있지 않은 시

MZ세대
알파세대
꼰대가 공존하는 현대는
창唱으로 시조를 읊던 그 옛날이 아니다

시대 흐름 좇아 융통성 있게 소통하는
자유시 더불어 시조도 함께한

자유시 같고 시조 같은
그냥 만수산 칡덩굴이라

자유시인 따로 없고
시조시인 따로 없다

친구가 없어지네

통화 중에 했던 말 또 하고
다시 하더니

이제는 전화신호가 가는데도
받지 않네

멍하니 쳐다보는 하늘
흩어지는 뜬구름

걸음걸이 사주

덤빌 듯이 으스대는
건달패 걸음걸이

아랫도리 팔랑이며
촐랑대는 걸음걸이

앙숙의 걸음걸이가 드러내는 엇박자

다리가 먼저 늙는다*

사람은 다리가 먼저 늙는 게 사실인가

매일 만보 넘게 걷는 친구는
생생한데

걷기가 힘들다던 친구
벌써 세상 떴다니

* 樹老根先枯 人老腿先衰 : 나무는 늙으면 뿌리가 먼저 마르고, 사람은 늙으면 넓적다리가 먼저 쇠약해진다.

애주

늘 이리 어지럽지
아침엔 더하다

이명耳鳴 때문이겠지
설마 술 때문이겠어

핑계로 이열치열이라며
또 한잔을 벌컥 한다

장수 비결

WHO*가 발표한 최신 장수 비결 1위는 술
술이 사고나 병고의 원인 되는 풍토에서
반주를 즐기는 이들에 반갑고 놀라운 소식

옛날부터 우리 삶과 늘 밀접했던 술
결혼 장례 제사를 비롯 잔치와 놀이
역사와 문화생활 속에 항상 함께했다

운동과 음식보다 심폐기능을 강화하고
흥겨운 친밀감 높여 긴장을 완화하기에
미국과 중국 수교의 윤활유는 마오타이

대홍수 때 노아는 포도원부터 가꾸었고
술꾼이며 먹보라는 소리를 듣던 예수는
가나촌 첫 기적으로 물을 술로 만들었다

최후 만찬에서 거룩한 피로 성화도 되지만

적당히 마시는 게 WHO의 전제조건
4촌에 아파트를 사 줄 정도를 넘지 말아야

* World health organization. 유엔 산하 세계보건기구

허망한 몰락

늦가을에 날아든
유혹의 불화살 맞아

체통마저 내던진
천려일실千慮一失 불찰

씻어도
씻어도 잠벌暫罰로 남아
끈질끈질 속수무책

고맙습니다

아내의 행복이 자신의 전부라는 듯이
못 보거나 못 걷는 반쪽을 돌보느라
외출은 엄두도 못 내고
스스로 반신불수가 되는 삶도 있는데

졸수를 바라보는 늙음에도
영원한 간호사 잔정 많은 누님으로
함께 가는 이 여정
고맙습니다
감사합니다

청목靑木이 구부정한 고목枯木 되어도
병만 들지 마시오

허물은 벗어 놓고

바싹 마른 황토색 매미 허물이
산기슭에 들어선 묘처럼
메마른 나무껍질에 붙어 있다

애벌레가 나비로 변해
허물을 벗어 놓고 날아가듯
'또 다른 시작'에 들어갔는가

육신을 허물처럼 벗어 놓은 영혼이
영적 세계로 이동하듯이
다른 차원의 삶을 시작했는가

될성부른 나무

시인과 추기경의 학창시절 답안지

"물을 포도주로 바꾼 예수님의 기적을 논하라"
종교학 시험문제였다
영국의 시인 바이런은
"물이 그 주인을 만나니 얼굴을 붉히더라"고 썼다

"조선 반도 청소년 학도에게 보낸 일본 천황의
칙유勅諭를 받은 황국신민으로서 소감을 쓰라"
윤리학 시험문제였다
신학교 5학년 김수환은
"나는 황국신민이 아님 따라서 소감이 없음"이라
썼다

위인은 될성부른 거목
떡잎부터 달랐다

돌계단과 돌부처

돌계단이 돌부처에게 불평한다

같은 돌인데 왜 나는 밟고 다니고
당신에겐 허리 굽혀 절을 하는 거요?

내가 얼마나 많은 '정'을 맞고
'망치질'을 당했는지 아시오?
아픈 만큼 성숙해지고
고난을 겪은 만큼 위대해지는 거요

부처의 설법이 그럴듯하지 않은가

이를 증명한 인물들로 손꼽히는
순교 성인들과
김대중 김수환 노무현…

축구

또 다른 인생사
축구

승패는 공처럼
둥글둥글 도는 것

오늘 졌다고 내일도 지고
오늘 이겼다고
내일도 이기지 않는

또 다른 인생사
그것이 축구!

우愚 묵默 눌訥

"유명한 정치가를 가까이서 지켜보니
어딘지 좀 모자라는 바보 같았어"

정치학 전공 성직자가 사석에서 한 말에
해월 최시형 선생의 처세술이 떠올랐다
선생은 우愚 묵默 눌訥을 제시했다

어리석은 듯 우직하게 자기 길을 가고
개울이 아닌 대하大河처럼 소리 없이
책임감 때문에 말을 더듬거리는 것이다

하느님을 선포하는 사도들은
누구보다 약하고 어리석을 수 있다
'십자가의 어리석음' 그게 사도의 힘이기에

공자도 눌변이 인仁에 가깝다 했으니
바보 같아 보이는 그 정치가는 아마도

우 묵 눌이 몸에 배었을지도 모른다

율리우스 시저의 죽음

천신만고 끝에 정상에 올라
왔노라 보았노라 이겼노라
한때는 기세 등등 외쳤는데

정상이 높을수록 계곡은 깊었고
날카로운 시기와 질투의 바위투성이
바위에 떨어진 밀알은 썩지도 않아
부활의 빛도 없어
꽃도 향기도 열매도 없네

피를 토하는 입에서 나온 신음은
에 뚜 브루투스 Et tu Brute
브루투스 너마저

그렇게 한 삶의 마감은 실패로 끝났다

착한 나무 산수유

우리 아파트 단지엔
산수유 나무가 의외로 많다

이른 봄날 가장 먼저
샛노란 꽃다발을 잔뜩 피우는
아름다운 봄의 전령

가을이면 수많은 새빨간 열매가
겨우내 나무를 온통 뒤덮어
숯불처럼 따뜻한 느낌을 준다

정력 강장제로 이명에도 좋고
당뇨와 암까지 예방한다는
착한 나무 산수유의 꽃말은

영원불변의 사랑!

사색에 사색 되다

화장실 청소 아줌마들이 뽑은
낙서 수작秀作

"네가 변기에 앉아
사색思索에 잠기는 동안

밖에서 기다리는 놈
사색死色이 되어 간다"

4

평화의 기도

노스트라다무스의 예견

21세기의 노스트라다무스

미국 코넬대 정치학 박사 프리드먼은
NATO와 미국까지 참전한
21세기 말 코소보 전쟁과
1998년 아시아 외환위기를
정확하게 예견했다

그는 베스트셀러 『Next 100 years』에서
10~20년 내에 한반도가 통일되고
북한의 자원과 값싼 노동력이
남한의 기술 자본 리더십과 합쳐져
한국이 강대국이 되리라 예견했다

비오니 그의 예견이 현실이 되기를

참 평화

내가 주는 평화는
세상이 주는 평화와 같지 않다는
복음 말씀
두려움과 불신으로 지탱되는
안정과 평화는 허구라는
교종의 말씀
힘에 의한 평화는 없다는
서울 시청 앞 광장의 현수막

참 평화는
상대가 싸움을 걸어도
전쟁에 휘말리지 않는
절대적인 평정 상태
칼을 녹여 쟁기를 만들고
창을 녹여 낫을 만드는 상황

대화와 외교 협상을 배제하고

상대를 악마화하여 적대하는

전쟁 불사 으름장

시가행진에 의한 군사력 과시

군사동맹에 의한 편 가름으로

참 평화가 보이는가

이스라엘아 들어라*

하느님이 당신 백성으로 뽑으셨다며
우쭐대던 이스라엘

살던 땅에서 쫓겨나 흩어져 살아야 했던
디아스포라
나치의 6백만 유대인 대학살
홀로코스트와 제노사이드를 겪으며
박해받았던 너희가

가자지구로 쫓겨난 무고한 팔레스타인
수만 명을 학살하고 굶주리게 하다니

이스라엘아 들어라
미국 대학생들과 교수들의 항의 시위
부끄러움과 죄책감으로 줄줄이 사임하는
유대계 미군 장교와 관리들의 목소리

셰마 이스라엘

주 너희 하느님께 돌아와라

너희는 죄악으로 비틀거리고 있다

* 호세아 14,2

K-시위문화

형형색색 응원봉 팻말이 넘실대는
꺼지지 않는 촛불 문화제 콘서트

음악이 있고 노래와 합창이 흥겨운
별들의 축제

체포 구속 파면 탄핵
살벌한 함성이 있지만
물 대포 최루탄 폭력과 약탈은 없다

선불 커피 요깃거리로 추위 녹이고
쓰레기까지 줍는 시민의식

K-시위문화라 경탄하는 선진국

대한민국 희망 리포트

최근 스위스 쥬리히 대학에서 발표한
세계 각국 국민들의 IQ 조사 보고에
한국이 1위, 일본 2위, 대만 3위였다

1960년대까지는 유대인이 1위였는데
일본 한국 중국의 경제가 발전하면서
예상 외 재평가 결과가 나왔다고 한다

젓가락 문화 한글의 우수성 기후와 지세
높은 교육열과 근면성 근친혼 금지 등이
한국인 평균 IQ가 세계 최고인 이유라니

국민의 IQ는 소득과 성장에 연관되므로
이 다섯 가지 장점을 계속 살려나간다면
희망이 넘치는 부유한 나라가 되리라

냉담 일보 전에

오늘도 성당의 주일미사에 불참했다

코로나19 유행 때의 평화방송 미사
강론 말씀을 알아듣지 못하는 청력은
좋은 핑곗거리, 걸맞은 구실이 되었다

금세 부러진 갈대, 연기 나는 심지 되고
종교에 대한 회의도 스멀거렸지만

아직 갈대는 잘려나가지 않았고
심지에는 여전히 연기가 모락모락

성령의 도움으로 갈대가 살아나고
심지는 다시 불을 피울 수 있으리라

새우에서 고래로

고래 싸움에 등 터지던 새우 고래가 되다니

영국의 국제관계학 교수 파르도* 박사는 주장한다
영토와 주민과 문화를 노리던 중국과 일본에 시달리던 한국이 마침내 고래가 되고 열강이 되었다고
반도체 자동차 선박 배터리 휴대폰 등을 발판으로 경제대국 되고
방탄소년단 K팝 영화 '기생충' '오징어 게임' 등 문화 소프트 파워로 고래 되었다고
중국·일본에 침탈당한 시대에서 언어 음식 관습 정체성의 뿌리를 되찾은 '한국다움'의 시대가 되었다고

되찾은 우리의 자존自尊 드높이고 뻗어가리라

* Ramon Pacheco Pardo

세 세대의 살길

갈라치기 안 한들 벌써 갈라진 세 세대

1980년도 이후 2000년에 태어난 MZ세대
스마트폰 노트북과 함께 사는 '포노사피언스'

2000년대 초반에 태어난 알파세대
최첨단 인공지능 기기로 생활하는 신세대

현대 디지털 시대의 석기시대 꼰대
아직도 펜으로 원고 쓰는 컴맹 기성세대

통합의 정치 화합의 종교가 책무를 다해
모든 세대가 소통하고 포용하며 평화 누리는

삼위의 사랑으로 일체되는 그런 꿈꾸어 본다

사람 사는 세상

소달구지 짐 나눠지고
까치밥으로 남겨두는

소설가 펄벅 여사가 감동한
그 배려

총잡이 칼잡이들이야
꿈도 못 꿀 그런 세상

링컨·더글라스 대결

"링컨은 팔면 안 될 술을 팔았습니다"

청중이 술렁거릴 때 연단에 오른 링컨은
"그건 사실입니다 그때 술을 가장 많이 산
고객이 더글라스 후보인 것도 사실입니다"
링컨의 응수에 좌중은 웃음바다

전단·오물 풍선으로 맞대응하는 남북에는
이런 넉넉한 여유와 재치 있는 유머가 없다

국민의 생명과 안전 보장을 외면하고
상대를 자극하여 충돌할 위험만 초래할
유치하고 옹졸한 대결 경쟁

"차고 넘치는 지저분한 쓰레기 대신
백두산 들쭉나무 묘목이나 씨앗을 보내라"
"비난 전단은 **빼고** 쌀과 달러만 많이 보내라"

뭐 이런 제안을 서로 할 수는 없을까

살상과 파괴를 노리는 힘자랑만 하지 말고

평화를 위한 기도

주님, 저희를 평화의 도구로 써 주소서

두려움과 불신으로 가슴 조이는 평화
핵으로 위협하는 가짜 평화가 아니라
인권이 존중되는 평화
번뇌가 사라지는 평화
자연에 순응하는 평화를
누리게 하소서

북한의 총생산 1.5배가 넘는 국방비로도
압도적인 군사력을 보유하지 못했다는
엄살과 북한 적대
울끈불끈 힘에 의한 평화가 아니라

대화로 한민족의 평화를
누리게 하소서

민중의 소망

만사형통萬事兄通 이명박 형제가
그리 끝나고
만사처통萬事妻通 윤석열 부부가
저리 끝나면
마침내 만사민통萬事民通인
바른 세상 오겠지

아, 탄핵 선고

너무나 명백한 헌법 위반 탄핵 심판이
그렇게도 어렵고 늑장 부릴 일이었던가
헌재의 호헌의지를 얼마나 의심했던가

"대통령 윤석열을 파면한다!"

이 말 한마디를 듣기 위해
얼마나 많은 사람들이
그렇게도 오랫동안 일상에서 벗어나
국회·광화문·관저 앞으로 나가 외치고
농성하고 삼보일배하고 단식을 했던가

이 말 한마디를 듣기 위해
얼마나 많은 시위대가
폭설이 쏟아지는 날 추위에 덜덜 떨며
은박지에 싸인 키세스 허쉬 초콜릿처럼
은박 담요를 뒤집어쓰고 밤을 새웠던가

"대통령 윤석열을 파면한다!"

위대한 민주 시민들아 이제
탄핵을 넘어 사회 대개혁에 나서자
폭력 난동 극우 내란 세력을 씨 말리고
쿠데타와 독재는 꿈도 못 꾸는 나라
아름다운 민주의 새 역사를 창조하자

오, 복된 죄여!

후회할 일만 기억에 남은 한겨울 인생
죄 많은 곳에 은총이 충만히 내렸다는
바오로 사도의 말씀에
위로받는 중죄인

주님이 헤아리지 않고 죄를 용서하시어
그분과 더 가까워진 놀라운 행복에 겨워
언젠가 외칠 수 있을까
'오, 복된 죄여!'

글나무 시선 27

광장으로 띄우는 목소리

저　자 | 허종열
발행자 | 오혜정
펴낸곳 | 글나무
주　소 | 서울시 은평구 진관3로 32, B동 516호
전　화 | 02)2272-6006
e-mail | wordtree@hanmail.net
등　록 | 1988년 9월 9일(제301-1988-095)

2025년 11월 25일 초판 인쇄 · 발행

ISBN 979-11-93913-29-1 03810

값 10,000원

ⓒ 2025, 허종열

저자와 협의하여 인지를 생략합니다.
이 책의 내용을 재사용하려면 저작권자와 출판사 글나무의 허락을 받아야 합니다.